LIVING WITH TEA

ムレスナティー

阪神間の小さな紅茶屋さんが起こした大きな奇跡

ディヴィッド・K 著

2015年3月14日、ホテル ザ・リッツ・カールトン大阪にて開かれた、ムレスナティージャパン30周年記念のお茶会。P2／“紅茶王”アンスレム・ペレラ（右）もスリランカからお祝いに。P3上右／“シャンパンティー”で乾杯！ 上左／フルコースの一品ごとに合わせたオリジナルブレンドティーをサーヴ。下／約180名ものムレスナファンが参加してくださいました。

MLESNA TEA HOUSE

1998年4月29日、“背水の陣”の覚悟でオープンしたムレスナティーハウス西宮本店。決して恵まれた立地ではないけれど、おかげさまで今では平日でも開店時間とともにお客さんが扉を開けてくださいます。青いエプロン姿のディヴィッドがいつも笑顔で待ってます！

上／本店のカウンターに立って、お客さんのために美味しい紅茶を淹れるのが僕の大きな喜び。左／斬新なパッケージデザインとメッシュティーバッグの利便性で、ムレスナ最大のヒット商品となった「キューブボックス」。新作も続々登場。

MLESNA TEA WATER CONCEPT
1000%果実の紅茶
エデンの果実
レモンベリー
さりげなく美しく生きてゆきましょう。
アイスワイン
オリエンタル バカンス
なるようになるさ!
サマータイムベリー
ミルキーキャンディ
無花果とキャラメルのおいしい紅茶できました
いちじくキャラメル
パリでお逢いしましょう の紅茶
クリーム パリ
果実のマリア
おいしい紅茶
ヴィーナスレモン
マドンナたちのロイヤルミルクティー
MADONNA'S ROYAL MILK TEA
ミルキー ママ ブレンド
幸せの鐘
白桃とそよ風のコラボレーション
白桃アールグレイ
キャラメル チャイ
ももいちご
HAPPY BIRTHDAY の紅茶

最新シリーズは、ニューヴィサナカンダやラクサナバンナなど産地ごとに最高級ブラックティーを厳選した「ベストティーコレクション」。シリアルナンバー付き。3,800円～（税抜）。

紅茶のことならいくらでも話せるんだけど、自分の苦労話や成功談なんかになるとからっきしなんですよね。

最近は少しだけ世間に認めてもらえるようになったのか、メディアの取材などを受ける機会も増えました。それも、ムレスナティーだけじゃなくて僕自身のことも聞きたいだなんて。若い人が僕の経営哲学を聞くために会いに来てくれることもあるんですよ。びっくりでしょ。

LIVING WITH TEA

僕はずっと直感で経営をしてきたからそんな大層なものは持っていないし、もしあったとしても言葉じゃうまく話せないんだけどな。だから今回、自分が歩んできた道程がもし誰かの助けになるのなら、と思いきって筆をとりました。

振り返ってみれば、挫折、借金、また挫折と波瀾だらけの半生でしたが、「こんなヤツでもなんとか頑張ってるんだな」と楽しんで読んでいただけたら幸いです。自分で言うのもなんですが、笑いあり涙ありの最高の物語ですよ。もちろん、内容はすべて脚色なしのノンフィクション。

僕が代表を務めるムレスナティージャパンは、紅茶大国、スリランカのなかでも最上級の茶葉をつくり続けるムレスナ（MlesnA）の日本唯一のインポーター（輸入業者）です。

ここ数年のサードウェーブコーヒーのムーブメントもどこ吹く風で、おかげさまで現在5年連続で増収増益となっています。といっても、していることは創業当時からほとんど変わりません。スリランカから紅茶を仕入れて、ジャパンブレンドにして、他者が真似できないように自分自身でデザインし、販売する。これだけです。


ムレスナティーに出会って30年。

今にして思えば、僕はずっと地道に種蒔きばかりしてきました。何度かあった紅茶ブームを横目に見ながら、「日本では絶対に売れない」と言われ続けていたムレスナティーの素晴らしさを知ってもらうための活動にほとんどの時間と労力を費やしてきました。

日本ではまったく無名だったムレスナが、現在のようにブランドを確立して多くのお客さんから支持されるまでになった要因は、営業力でもイメージ戦略でもありません。それは、お客さんがムレスナティーを通じて「真の紅茶文化」を認めてくださったからなんです。

流行に左右されず、本物の茶葉だけを評価する文化が日本に浸透し始めるまでに30年間かかりました。素晴らしい商品だからこそ、安易な売り方はしたくなかった。紅茶一杯の売り上げよりも、「お客さんが紅茶文化を理解してくださっているか」を社長が気にかけているんだから、そりゃ慢性的な経営危機にもなります。

この遠回りには我ながら呆れます。経営者としては落ちこぼれだよね。もちろん僕だって経済的な成功は大きな目標でした。たくさんお金を儲けて、どんどん事業を拡大していくのはビジネスの醍醐味。店舗を増やして、ビルや豪邸でも建てようかっていうのは夢があるよね。

でも、僕はスリランカでアンスレム・ペレラという人物に出会って、それよりも大切なことを見つけてしまったんです。

“Living with Tea”（紅茶とともに生きる）という信条のとおり、いつだってムレスナティーを想い、その素晴らしさを伝えることを最優先する生き方を選んできたのですから。

人生は選択の連続です。いつも重大な岐路に立たされていて、道を間違えても後戻りすることはできません。僕の人生の行先を示してくれたのは、アンスレムたちムレスナ本社の皆さん、創業から苦楽を共にしてきたスタッフやパートナーカンパニーの方々、そしてムレスナティーを愛してやまない多くのお客さんたち。真面目に、一生懸命に紅茶に向き合う人々でした。

この30年、苦労の倍ほど感動があったけど、それでもよく覚えているのは、紅茶が売れなくて辛かった日々のことなんですよね。

「報われると苦労は忘れる」なんて言いますが、そんなに簡単に忘れられないし、忘れちゃいけない。たぶん人生は失敗の中にこそキラリと光る成功の種がある。いくつになっても失敗から学ぶべきだし、他人の失敗だってお手本にしても良いんですよ。

この本が、人生の岐路に立つ誰かの心を少しでも楽にするなら、こんなにうれしいことはありません。

２０１５年３月吉日
ディヴィッド・Ｋ

目次

LIVING WITH TEA

第1章 僕のビジネス、その原点

DAVID'S WORDS

1

ムレスナティーとの出会い

会社の創業当時は、おもに海外の生活雑貨を輸入販売していました。「人を幸せにするもの、自分が良いと思うものを世に広めよう」という理念は強かったのですが、取扱商品についてはまだ迷いがあったんです。その頃はムレスナティーどころか紅茶についての知識もほとんどありませんでした。

ムレスナを知るきっかけになったのは、お付き合いのあったクライアントからの注文です。「この紅茶、美味しいから仕入れてみてよ」と言ったその方もムレスナのことはあまり知らないようでしたけどね。

当時のムレスナは小さな可愛らしい木箱のパッケージが人気で、雑貨屋などで飛ぶように売れました。1日に1万個のオーダーが入ったこともあったんですよ。しかしブームは続きません。やがて在庫がぴたりと動かなくなり、会社は火の車。でも、僕は仕入れを止めませんでした。それはね、ムレスナに惚れ込んでいたこと以上に、トップのアンスレム・ペレラという人物に不思議な魅力を感じていたからです。ほかに理由なんてありませんよ、野生の勘みたいなものです。

DAVID'S WORDS

2

はじめてのスリランカ

はじめてスリランカへ行ったのは1988年。僕にとってはじめての海外で、飛行機に乗るのは二度目でした。

その3年前に日航機墜落事故が起きたこともあって、飛行機がとても怖くてね。機内ではずーっとビクビクしていました。

コロンボ国際空港への着陸を知らせる機内アナウンスを聞いて、窓に顔を近づけても目に映るのは、見渡す限りのジャングル。音楽が好きな僕にとっては、TOTOの『アフリカ』という曲を思い出させる、ジャングルに降り立つような気分でした。「これはとんでもないところに来てしまったなぁ」と。今ではだいぶ近代化されて当時の面影もありませんけどね。

この旅でアンスレム・ペレラと運命的な出会いをするんですが、僕はもうスリランカに着いただけで大冒険を終えたような気持ちでした。

言葉も分からない、知り合いなんてひとりもいないこのジャングルの国で、最高の茶葉を見つけることができたのは運命としか言いようがないですよ。

DAVID'S WORDS

3

スリランカの紅茶王

アンスレム・ペレラは才能の塊のような人でね。18歳にして名門・ブルックボンド社（現リプトン・ブルックボンド）に採用されて以来、世界トップクラスのティーテイスターとして活躍し続けています。

ティーテイスターは一般的にあまり馴染みがない職業ですが、星の数ほどある茶葉を吟味し、その味や香りを見極めて安定的なブレンドを作る、いわば「茶葉の鑑定人」。広大な茶園がいくつもあるスリランカで茶園ごとの特徴を見抜くのは至難の業。ましてやその茶葉をいくつも組み合わせてほぼ同じ味を生み出すことなんて神業です。茶葉の微妙な「味の層」をも感じ取れるアンスレムの舌のおかげで、ムレスナティーは高品質な紅茶を世界中に安定供給できているんです。

会社勤めのティーテイスターから独立してわずか30年でトップブランドの仲間入りをするなんて、異例中の異例ですよ。何より彼の尊敬できるところは、いつまでも紅茶への情熱を失わないところ。「スリランカの紅茶王」と呼ばれるようになった今も、茶園を巡って栽培方法や茶葉の傾向などを指導し、毎日忙しく駆け回っていますからね。

DAVID'S WORDS

4

紅茶を買い叩いていた日本人

ムレスナ社は年間20万トン以上の茶葉を世界中に輸出していますが、品質保持のため基本的に各国1社ずつしか販売代理店を認めていません。僕が初めてスリランカの本社へ仕入れ交渉に訪れた当時は、まだ日本の総代理店が決まっておらず、数えきれないほどの商社マンやインポーターがひっきりなしに訪れていました。皆、目的はただひとつ。ムレスナのトップ、アンスレム・ペレラを口説き落とすことです。

最初は僕もそんな「アンスレム詣で」のひとりでした。日本人なら誰もが知っているような有名商社のビジネスマンと並んで条件交渉をしても、仕入量では太刀打ちできません。ただ、彼らは皆一様に「そこそこの紅茶を安く、早く、大量に」という思惑があり、それがアンスレムの主義に反したのです。当時、まだマイナーだったセイロンティーは日本の商社にとって格好のターゲット。茶葉の評価が定まっていないことをいいことに、茶園や新興ブランドの足元を見るかのように値切ってばかりで、文字通り、買い叩いていたんです。

アンスレムは、僕の紅茶への真摯さに賭けてくれたんだと思います。

5

アンスレム・ペレラの心意気

幸運にも日本唯一のムレスナティーのインポーター（輸入業者）になれたわけですが、アンスレムが何を考え、僕という人間をどのように見ているかはずっとよくわからないままでした。

取り引きが始まって3年ほど経った頃でしょうか。思いきってアンスレムに「日本からたくさん商社が来ていたなかで、どうして僕だけを選んでくれたんだ？」と聞いてみたんです。

するとアンスレムは、「日本人は皆、口を揃えて『安い紅茶はないか？』と聞いてきた。お前だけが『良い紅茶をくれ』と言っていたからだよ」と答えてくれました。

これは嬉しかったですねぇ。商売が思うようにいかず、先行きに不安を感じている時期でしたから、とても勇気づけられました。

アンスレムは一代で世界トップクラスのティーカンパニーをつくった人物ですから、合理的でビジネスライクな人物だと思われがちですが、こうした直感を大切にする義理堅い人です。まるで昭和の経営者みたいでしょう。

6

帰りの電車賃を心配していた頃

創業から10年間ほどは、どういう言葉で営業すれば売れるのか分からなくてね。出張なんて前の日から「どう売ろうか」「何をすればいいんだろう」と悩むんだけど結局、全然売れませんでした。

月に何度も東京へ行って必死に営業していましたが、交通費や宿泊費が利益と同じぐらい。たまに赤字になったりもして、「いったい俺は何をしているだろう」と落ち込んでばかりでした。

一度、岡山へ行ったときには、財布に帰りの交通費とほぼ同額しか入ってなくて、営業中もその心配ばかり。それじゃ売れないのも無理はないよね。

アンスレムに認められて「最高の茶葉を日本に広めるんだ！」と意気揚々とスリランカから帰国したけれど、現実は悲惨なものでした。

その頃に比べると現在は夢のような状況ですよ。そりゃ55歳だから体にも多少ガタがきてるけどなんてことはない。飛行機代だって心配しないぐらいにはなったよ、って当時の僕に聞かせても信じないだろうなぁ。

DAVID'S WORDS

7

「日本でだけ売れない」プレッシャー

80年代後半、すでにムレスナティーは世界中で高い評価を受けていて、各国のエージェントたちはみな大富豪になっていました。

僕はといえば「日本でだけ売れない」プレッシャーが苦しくて、スリランカに行ってもアンスレムの目がまともに見られない。彼は僕の姿を見つけると「今回はどれだけ買うんだ?」と声を掛けてくるのですが、僕は気合いだけで「いっぱい買う!」としか答えられないんですよね。しまいには「お前はいつも同じことばかり言って進歩がないな」と怒られました。

ムレスナ本社のシャーミー工場長には、「そんな小さなオーダーばかりなのに、どうして毎年わざわざスリランカまで来るんだ?」と聞かれたりね。もうがっくりですよ。アンスレムをはじめスタッフ全員が、「お前は日本で何をしているんだ」と無言で問いかけてくる。そんな辛い思いをして、なけなしのお金をはたいてまで毎年スリランカに行っていたのは、アンスレムたちの「本物の仕事」に少しでも触れたかったから。苦しく、悔しかった当時のことは今でもたまに思い出します。

DAVID'S WORDS

8

現地にマメに
足を運んで
見えてきたこと

売れなかった時期は何をしてもダメでした。もう八方塞《ふさ》がりのような状態で、頭で考えていても限界がある。どんな小さなことでもいいからヒントが欲しかった僕は、何かと理由を付けては用事もないのに毎年スリランカに行っていました。

行ったってとくにすることなんて何もないんですよ。ファクトリーでアンスレムたちがテイスティングしている姿をただ一日中見ているだけ。僕はティーテイスターじゃないから技術を学ぶ必要もないし、本当に彼らの仕事をただ眺めているだけなんです。

3年目ぐらいになると、見かねた工場長から「茶葉はちゃんと送ってやるから毎年来なくてもいいんだぞ」って言われたりしてね。現地流のビジネスが心配だから足繁く通っていたと思われていたんです。

今から振り返れば、この経験は宝物のような時間でした。アンスレムは「紅茶を作るのも、売るのも同じことだ」とよく話すけど、僕は現地で紅茶に情熱を注ぐ人たちの仕事ぶりを間近に見たことで、その魂を受け継いだんだと思います。

DAVID'S WORDS

9

舞台美術の仕事が教えてくれたこと

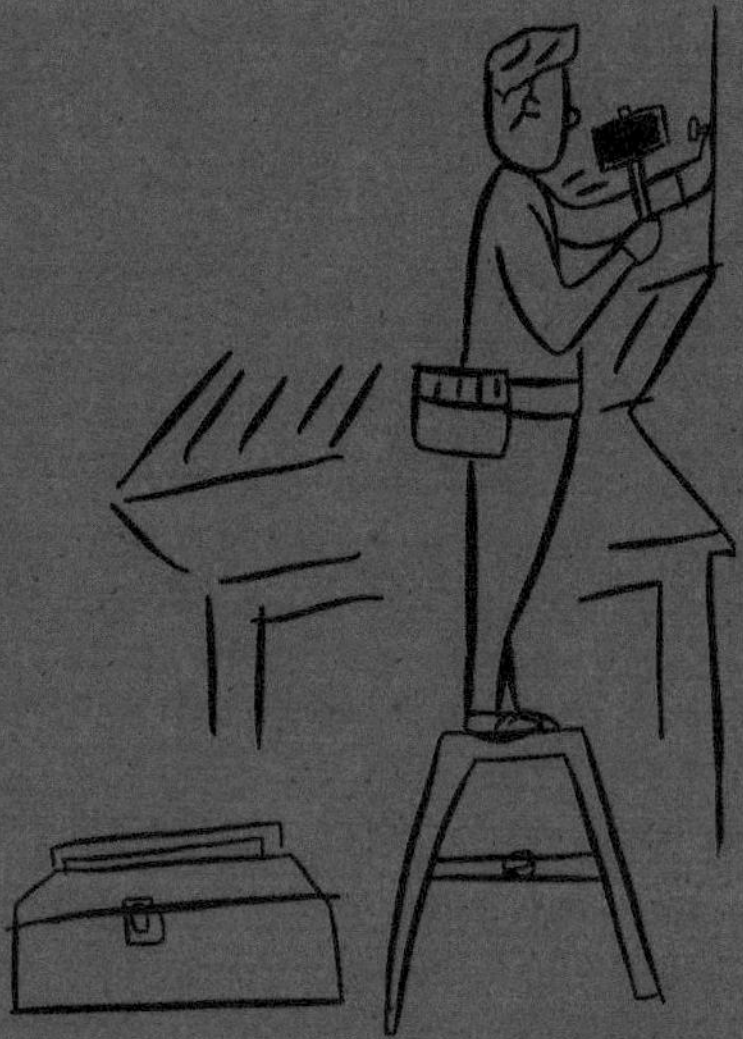

実は若い頃、舞台美術の仕事もしてました。ミュージカルやコンサートなどの舞台設計や空間演出、特殊効果、大工仕事まで舞台に関わることなら何でも。その世界ではいっぱしのベテランだったんですよ。

25歳で会社を創業してからもしばらくの間は二足のわらじを履いていました。舞台美術の仕事を辞められなかった理由は、収入です。

紅茶がなかなか売れず生活にも困る一方で、舞台の仕事は現場に行くほどお金が、それも現金でもらえますからね。創業から3年間ほどは紅茶の販売利益なんて収入全体の5％ぐらいでしたから、「どれだけ売れば、紅茶の仕事に専念できるんだろう」と途方に暮れていました。夜中に紅茶の在庫の山を見ては涙が出そうになるんですが、朝にはまた舞台の仕事に行かなくちゃならない。アンスレムに出会って本当に夢中になれる仕事を見つけたのに、そこに全力で向き合えないジレンマに押し潰されそうな毎日。辛かったですよ。

でも、舞台美術の経験は自分の世界観を表現する力を鍛えてくれました。パッケージデザインなどで悩んだことは一度もありませんから。

DAVID'S WORDS

10

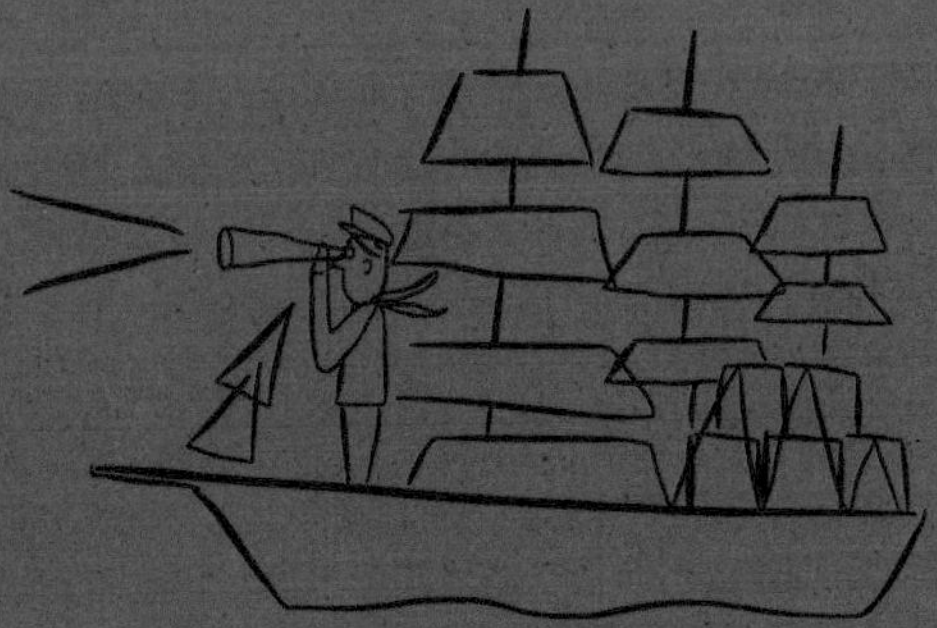

いきなりティーハウスで大勝負！

本来、インポーターは仕入値と卸値の差益で儲ける仕事。商品を直販する必要はありませんし、ましてや飲食店の経営なんてリスクはあっても希望はない。輸入だけじゃなく、販売、飲食業と一気に商売を広げることになりますから、動く金額も桁違いになりますしね。

アンスレムと出会ってからちょうど10年後の1998年。一時は品薄状態が続くほどの人気だった木箱の紅茶がさっぱり売れなくなると、残ったのは在庫の山と借金だけでした。途方に暮れた僕は、一念発起して西宮にティーハウスをつくったんです。経営上のタブーだと分かってはいましたが、当時の僕にはムレスナティーの魅力をすべて自分で伝えることしかもう方法が残っていなかったんです。

どうせやるならトコトンだ、と人気の建築事務所に設計を依頼し、ティーカップはすべてウエッジウッド製。対面販売ならではのエンターテインメント性を追求するために、商品パッケージも刷新。

借金はさらに増えましたが、自信たっぷりの船出でした。

DAVID'S WORDS

11

1日の売り上げ750円の悔しさ

背水の陣で西宮本店をつくった翌年、京都に系列店もオープンしたんです。この年は本当に地獄でした。当時は僕も京都へ手伝いに通っていたんですが、とにかく誰も来ない。立地は良い、内装も素敵、茶葉は最高。でも、ひどい時には1日のお客さんがたった1人という日もありました。売り上げは1杯分、750円。自宅がある甲子園口からの交通費が往復2500円くらい。帰りの電車では悔しいやら悲しいやらで。月末になれば人件費や家賃の支払いがある。さすがの僕も心身ともに疲れ果てて、京都から帰る途中に無意識に電車のホームからすーっと降りようとしていて、自分でもゾッとしました。

今にして思えば、最初からうまくいっていたら「俺は一番や！」と天狗になっていたかもしれない。これで良かったんですよ。その後、ムレスナティーが認知されるにつれて、京都店も軌道に乗りました。

1日でたった1人ご来店いただいたお客さん、実は今でも通ってくださっているんですよ。「あの日、あなたが作るロイヤルミルクティーに感動したのよ」って。最高だよね。

DAVID'S WORDS

12

「赤缶」誕生のヒミツ

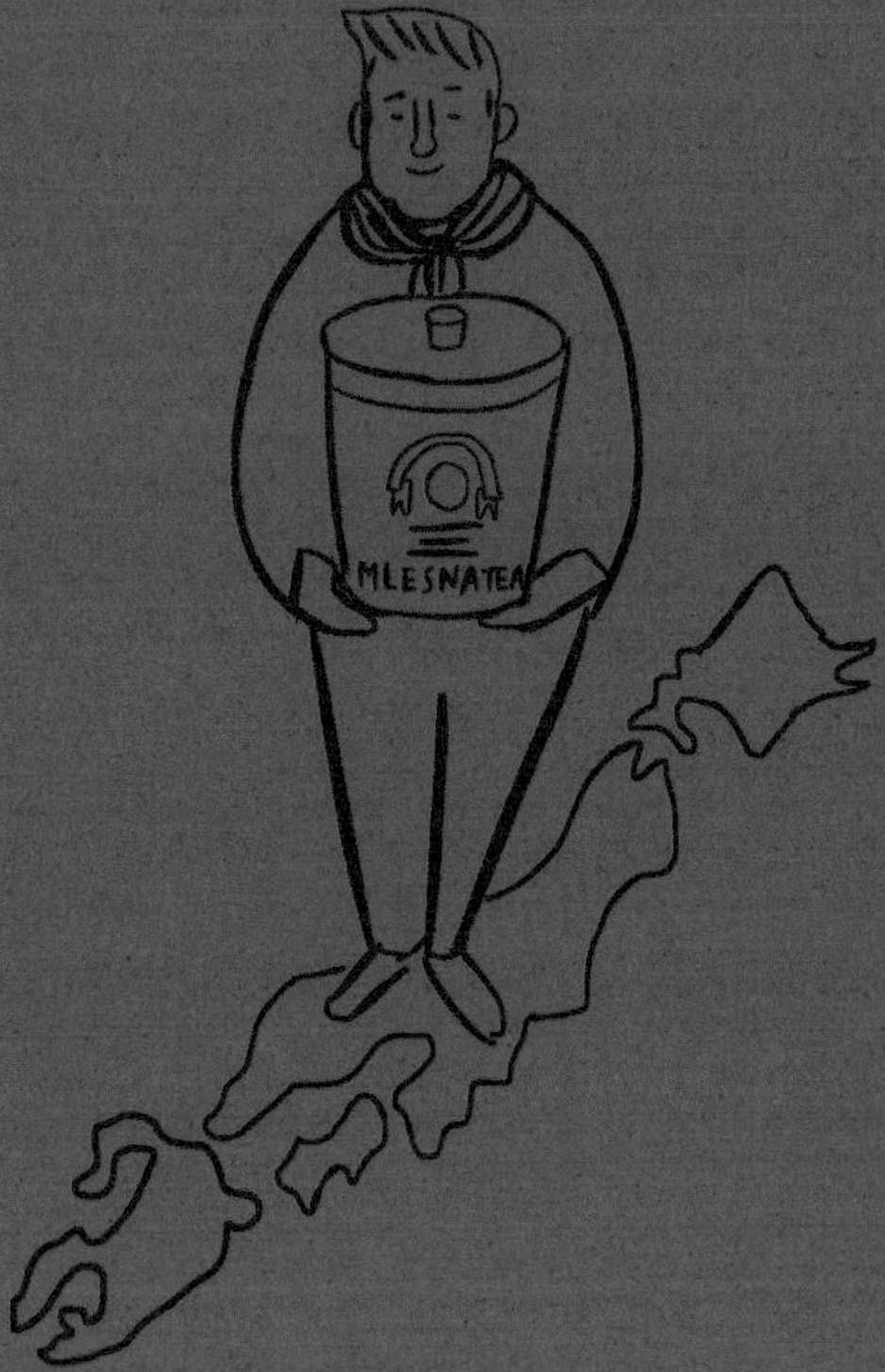

今じゃムレスナのブランドイメージになっている赤い茶缶、通称「赤缶」の誕生にはちょっとしたエピソードがあります。

実は本国スリランカでのムレスナのブランドカラーは濃緑。パッケージ類はもちろん、ロゴや看板にいたるまですべて濃緑で統一されています。赤色をメインにしたブランド展開は日本だけなんです。

僕はただスリランカから茶葉を輸入するだけの商売はしたくなかった。本国に負けないくらい高く評価される「日本のムレスナ」をつくりたかった。それには、日本人の僕が考えたパッケージで世に出したほうがより多くのお客様に伝わるんじゃないか、と考えたのです。

でも、この赤缶のことはずっとアンスレムには言い出せずにいました。勝手にイメージカラーを変えたこと、なによりもアンスレムは赤色が好きじゃないんです。結局、日本に彼を招待した時に正直に白状しました。もちろん「日本のムレスナはこの赤色じゃないとダメなんだ！」という熱い気持ちと一緒にね。

DAVID'S WORDS

13

人生最大のターニングポイント

ムレスナとの取り引きが始まってから約20年後、初めてホテルでお茶会を企画しました。そこに思いきってアンスレムを招待することにしたんです。それまで結果を出せなかった僕の成果発表のつもりです。

会場に到着したアンスレムの第一声は「ここにいるのは本当にみんなリテール（一般消費者）なのか？　ホールセラー（小売業者）じゃなくて？」。業者の会合だと思っていたアンスレムは、決して安くない会費で集まった大勢のムレスナファンを前に、目を丸くしていました。そして、「これが、君の紅茶の世界なんだな」と僕の肩を抱き、労《ねぎら》ってくれました。僕が無理に業務販売を拡大せず、一般のお客さんとの地道な交流を大切にしてきたことを一瞬で理解してくれたんです。

ここから、アンスレムの僕を見る目が変わったような気がします。ずっと内緒にしていた日本だけのパッケージについてもお咎《とが》めなし、むしろ「今後もお前が思うようにやれ」と後押ししてくれました。

たぶん、この日が僕の人生で最大のターニングポイント。ずっと薄暗かった道が突然、パアッと明るくなったような気持ちでした。

上から／写真は1990年のスリランカ訪問時。レッドカーペットを威風堂々と歩くアンスレム（右）と僕／知人の結婚披露宴でジャヤワルダナ元大統領と同席。握手したらもの凄いパワーを感じました／若かりしアンスレム（右）、眼光の鋭さが印象的。

上から／緑がみずみずしい、ディンブラのボタニカルガーデンを歩く僕／スリランカ国営ティーオークションの入場パス。誰でも入れるわけではないのです／1990年当時の僕はまだ30歳そこそこの青二才。表情からも自信のなさがみてとれますよね。

048

THE CEYLON CHAMBER OF COMMERCE COLOMBO INCORPORATED

V

TEA AUCTION ROOM

THE CEYLON CHAMBER OF COMMERCE

NAME Mr D. Kuwamura

SPONSOR Euro Scan Exports (Pvt) Ltd

IDENTITY -

DATE 20.2.90

For Secretary-General

LIVING WITH TEA

第2章

間違いだらけの紅茶の常識

DAVID'S WORDS

14

ディヴィッド式紅茶健康法

僕の唯一の健康法を教えましょう。

朝、目が覚めたらまずは一杯のお水をひと息に。そのあと、フルーツと一緒にフレーバーティーをその時の気分で選びます。これで眠気がすっきりして爽やかに一日をスタートできるんです。

紅茶の効能については諸説ありますが、僕は医療の専門家じゃないからはっきりと言わないほうが良いと思います。ただ、僕の場合に限って言えば、紅茶が生きるエネルギーになっています。

日中はストレートで飲むことが多いのですが、集中しなくちゃいけないデスクワークではロイヤルミルクティーもよく飲みます。これは作るのにちょっとひと手間必要だから気分転換にもなるんですよね。

ムレスナティーの茶葉は若葉なのでローカフェインですが、アンスレムの助言もあって念のため夜8時以降は飲まないようにしています。それでも毎日15杯ぐらいは紅茶を飲んでいますね。

もともとお酒もコーヒーも飲まないし、煙草も吸わない。いつも美味しい紅茶に囲まれているから、ほかの嗜好品には興味が湧きません。

DAVID'S WORDS

15

「お作法」なんて どうでもいい

ムレスナティーを取り扱い始めた当時、日本の紅茶業界では外国の習慣をうわべだけ真似たような「お作法」が権威化していました。茶葉の産地といえばアッサムやダージリンばかりがもてはやされ、セイロンティーというだけで二流扱い。ましてやフレーバーティーなんて相手にもしてもらえませんでした。

スリランカで出会って感動したムレスナティーを持って全国の小売店に営業しましたが、どこも「無名なのに高すぎる」「流行のパッケージじゃないと売れないよ」とブランドやイメージの話ばかり。品質や製法のことなんて気にしなくても売れれば何でもOKな世界だったわけです。

こんなのは本当の紅茶文化じゃない。そう思った僕は業界の潮流には乗らずに、独自の販売方法を模索し始めました。そして、誰にも簡単に真似ができないビジネススタイルをつくってやる！　自分なら必ず実現できる、と何の保証もないのに強く思っていました。

そうすることが、アンスレムから最高の茶葉を託された僕の責任だと考えたんです。

DAVID'S WORDS

16

「苦みと渋みが紅茶の旨み」は大嘘

ムレスナティーの販売を始めた頃は、紅茶の淹れ方にはあまりこだわりがなかったんです。「素晴らしい茶葉さえあればそれで充分に伝わるはず」と安心していました。つまり、獲れたての魚と同じで、すぐ横で焼いたりするだけで美味しくいただけるような感じに思っていました。

でも、当時は「苦みと渋みこそが紅茶の旨みだ」というのが世間の常識で、僕に言わせれば偽物ばかりがもてはやされていた。

こんなに良い紅茶がさっぱり売れなかったのも、今にして思えば納得できます。誰も本当に美味しい飲み方を知らなかったんだから。

僕が茶葉の販売だけじゃなく、店頭で紅茶の味わい方までも提案するようになったのは、そんな日本人の紅茶観を変えたいと思ったから。

良質の茶葉をたっぷり使って丁寧に淹れた紅茶は、甘くて、ほろ苦い、重層的な味わいです。本物の紅茶の美味しさというのは、茶の甘みの中に苦みと渋みのバランスがとれているというのが、僕がスリランカで学んできた定義。皆さんはどう思われますか？

DAVID'S WORDS

17

「直接買い付け」の落とし穴

スリランカ全土には約1万2千以上もの茶園があります。よく「茶園から直接買い付け」という宣伝文句を目にしますが、外国人がわずかな滞在で最良の茶園を見つけるなんて不可能ですよ。それは何十年と茶園を歩き、ティーワーカーの作業ぶりにまで精通したアンスレムたちプロの仕事。彼らはそうして本当に良い茶葉を厳選しているんです。

本来、茶葉は国営のオークションを通じて取り引きされています。ムレスナも含めた大手約5社が運営に関わるこのオークションでは、茶葉の安全性や品質管理が厳しくおこなわれているので安心です。

同じ茶園の茶葉でも、年度や収穫時期によって風味が異なります。ムレスナのようなティーカンパニーは、オークションで買い付けた茶葉をすべてティーテイスターがテイスティングしてブレンドし、いつ出荷しても同じ「ムレスナの味」へと調整するんです。それは神業ですよ。

スリランカを代表するティーカンパニーになった今も、ムレスナは自社茶園を持っていません。茶葉を栽培するのはティーワーカー、それを最高の紅茶に調整するのが、ビッグティーテイスターなんです。

DAVID'S WORDS

18

成功のカギは「ジャパンブレンド」

本国ムレスナのフレーバーティーは「インターナショナルブレンド」と呼ばれ、どちらかといえば欧米人好みのテイスト。エッジの効いた風味は独創的で美味しいのですが、紅茶への先入観が強い日本人には少し馴染みにくいのも事実でした。

現在、日本でムレスナの代名詞にもなっているフレーバーティーは、僕が日本人向けにアレンジした「ジャパンブレンド」です。

きっかけは偶然でした。在庫整理のために茶葉が入った木箱をいくつも開封している時、ふんわり漂うアプリコットティーとキャラメルティーの香り。そこにブルーベリーティーの香ばしさも混ざって、なんとも言えない衝撃を受けたんです。

「このストーリーを紅茶で表現したい」

こうして「アプリコットがキャラメルに恋をして、ブルーベリーがちょっかいを出す三角関係」とコピーを付けた「アプリコットロマンス」が誕生しました。その後も、複数の香りが優しく調和した「ジャパンブレンド」は次々と生まれ、たちまち大人気商品になったんです。

DAVID'S WORDS

19

イロモノを文化に

今でも若干そのきらいはありますが、90年代まで日本の紅茶好きの間ではフレーバーティーは邪道といわれていました。僕が嫌いな「紅茶のお作法」では、産地や茶園の特徴を語りながら茶葉本来の味を楽しむことが絶対的な価値観だったんですよ。フレーバーティーは一時的なブームになることはあっても定番にはならない「イロモノ」扱いでした。

そんな紅茶業界の常識も知らなかった僕は、スリランカで惚れ込んだムレスナのフレーバーティーを山のように仕入れましたが、在庫の山はいっこうに減りません。良い紅茶さえあればお客さんは押しかけてくると信じていた僕には、衝撃的な出来事でした。

それから僕は日本人が好む味や香りを研究するようになり、ムレスナが世界で展開するフレーバーを日本向けにアレンジし始めました。尊敬するアンスレムが生んだブレンドを改良することには抵抗がありましたが、この一歩を踏み出したことが僕の運命を変えました。

「ジャパンブレンド」は今では日本の看板商品。イロモノがついに文化になったんです。アンスレムも大のお気に入りなんですよ。

20

現地ティーワーカーの飲み方に学ぶ

スリランカに何度も足を運ぶようになってからの話です。こんな場面に出くわした人はあまりいないと思うんだけど、現地の茶園で働くティーワーカーが生活している家の中まで連れて行ってもらいました。

労働の後、澄んだ空気に包まれて飲む紅茶は最高なんだけど、驚くのはその淹れ方。彼らは、大量の茶葉を豪快に手でグッと絞って信じられないくらい濃い紅茶を淹れるんです。さすがの僕も最初は「こんなに濃いエキスが本当に美味しいのかな」と半信半疑でした。紅茶のエキスパートであるアンスレムもそんな飲み方はしていませんでしたからね。

でも、飲んでみるとこれがたまらなく旨いんです。茶葉の旨みが凝縮されていて渋みや雑味なんて一切ない。フレッシュな茶葉だけが持つ風味が最大限に引き出されていました。

これは茶葉を知り尽くしたティーワーカーならではの楽しみ方だったんです。もちろんその場で淹れ方を習って帰りました。

ティーワーカー直伝の「ビターエスプレッソティー」は、今じゃムレスナの大人気メニューですよ。

DAVID'S WORDS

21

エスプレッソティーは僕の発明

今では世間で定番のエスプレッソティーですが、１９９８年に僕が最初にメニューに加えた当時は見向きもされませんでした。

通常の４倍もの茶葉を絞ったと聞くだけで、「濃すぎて飲めないでしょう」「そんなめちゃくちゃな淹れ方は邪道だ！」と言って敬遠され、伝えられないもどかしさがありました。

でもね、実際に飲んでみると皆一様にその香りとコクと深い甘みに驚くんです。この感動体験こそ、僕が紅茶で表現したかったエンターテインメントだったし、ムレスナティーの品質証明でもありました。

ちなみに、アンスレムから紅茶の淹れ方について習ったことはないんですよ。教えてあげたことはあるんだけどね。彼はティーテイスティングの天才だけど、お客様に美味しい飲み方を提案するのは販売のプロである僕の仕事。アンスレムだってエスプレッソティーを初めて飲んだときにはびっくりしていたんだから。

22

オゾンプロダクトこそ本物の証

環境立国を目指すスリランカでは、茶葉の栽培に関する農薬の使用が厳しく制限されています。農薬の使用量に応じた認証制度は従来から存在していましたが、近年、地球環境への配慮をさらに高めた「OZONE FRIENDLY」認証制度が確立されました。これは殺虫剤や化学肥料を一切使わない伝統的な栽培方法をおこなう茶園のみが認証され、最高品質のセイロンティーの証となっています。

ムレスナもいち早くこの認証を取得し、全製品にオゾンプロダクトマークを入れて品質保証をしています。環境に配慮した茶葉はもちろん人体にとっても優しいですから、お客さんのことを考えれば当然です。

利益だけを追求すれば、効率の良い売り方はいくらでもあります。たとえば、農薬をたっぷり使った安い茶葉に高級茶葉をほんの少しブレンドして、ブランド茶として流通させちゃうとかね。残念ながら今でもそうした茶葉はたくさん販売されている。でも、そんな商売では誰も幸せにならないですよね。正直に作られた茶葉は正しく売らないと、茶園で額に汗して働くティーワーカーたちに顔向けできませんよ。

23

真剣にやってる人間が
浮かばれなかった
20世紀

20世紀は真剣に仕事をしている人が浮かばれない時代でした。表面だけ格好良くデザインされたものがもてはやされ、「東京で流行っているモノ」が飛ぶように売れた。自称「紅茶好き」は世の中に溢れるほどいたけれど、評価されていたのは定番のアッサムやダージリンばかりで、新興のセイロンティーなんて見向きもされませんでした。

本質を理解しようとする人が少なかったんです。時流と言えばそれまでですが、新しいことに挑戦しようとする者には辛い時期でした。

幸いなことに最近はそんな風潮もなくなってきました。丁寧に手を掛けられたものはどうしても高価になってしまうけど、その価格の根拠を理解しようとする人たちが増えたように思います。特に食品は安全性についての関心が高まってきましたからね。そうなるとムレスナティーは語りたいことがいくらでもあるから気合いが入ります。

やっぱり、黙々と額に汗をかいて頑張る人間が正しく評価される社会にしないとね。そういう人は、地味でもちゃんと素晴らしいものをつくっているんだから。

MLESNA TEA HOUSE

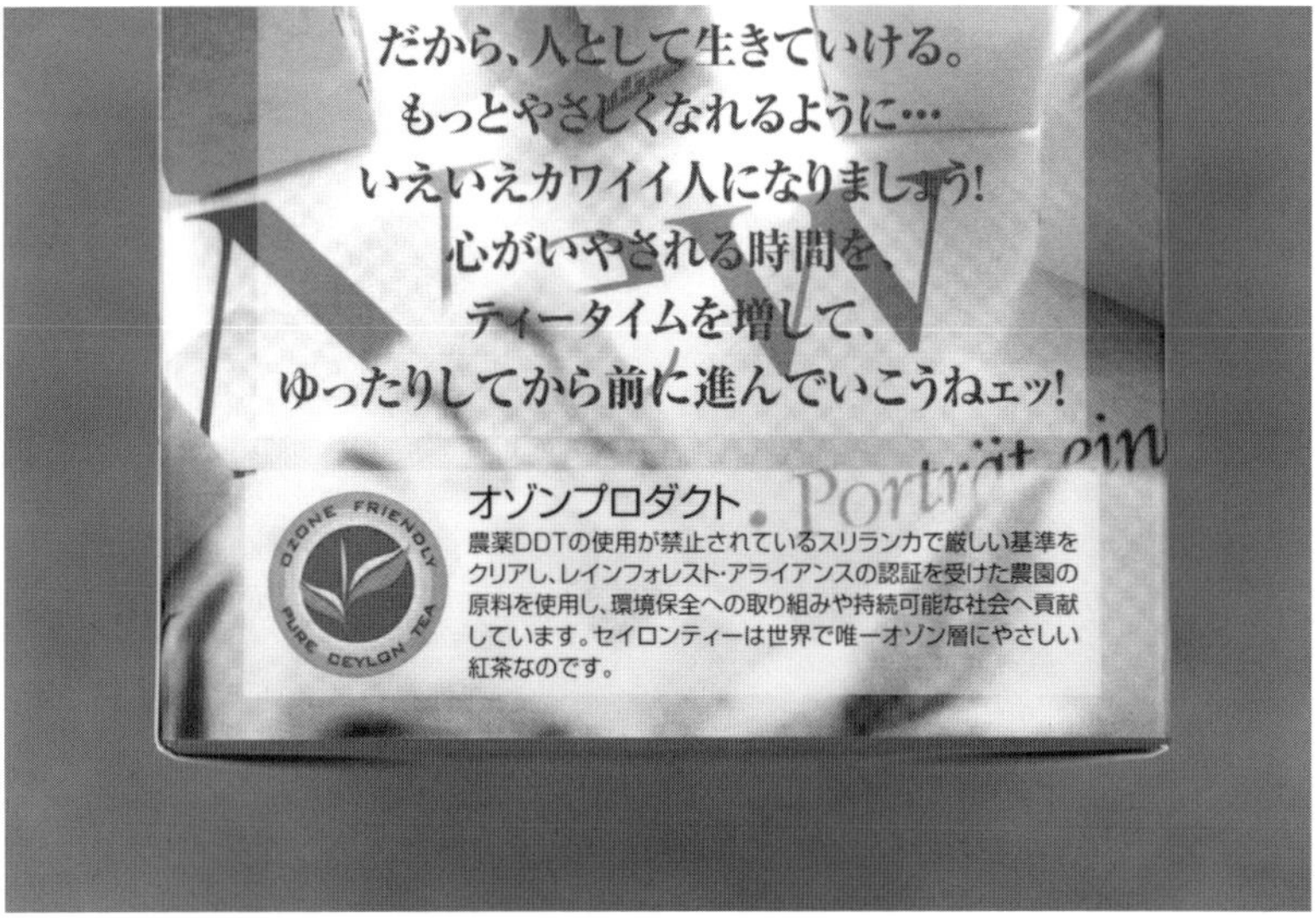

紅茶の淹れ方に堅苦しい作法は必要ありません。ポイントはフレッシュで美味しい茶葉をたっぷり使うことです。P71下／キューブボックスにもオゾンプロダクトマークが。

LIVING WITH TEA

第3章

オンリーワンな ムレスナ哲学

DAVID'S WORDS

24

商品に惚れ込んでこそ

世にビジネス論は数多くありますが、営業テクニックと言ったって何も小難しいことはありません。大切なのは実直さ、これに尽きます。まあ聞いてください。これは根性論じゃなく、経験談です。

商売はとにかくその商品に惚れ込んでいる人の言葉が一番強い。売ろうとする商品のことを深く考えてこなかった人の言葉には説得力がありません。「コーヒーもお酒も好き、紅茶もまあまあ好きですよ」という人より、どうせなら「紅茶のことしか見えません！」という人から、その熱い想いも一緒に買いたいじゃないですか。

小手先のテクニックが通用するほど商売は簡単じゃない。そう信じて僕はムレスナティーを売り続けてきました。昔はさっぱりだった売り上げが少しずつ上がってきたのは、僕の言葉が届く範囲が徐々に広がってきたということでしょう。

残念なことに今は実直な人が報われにくい時代です。至るところに不公平があって、特に商売ではそれが顕著かもしれません。でも、大好きなことにどっぷりのめり込んでいる人の魅力は普遍的なんです。

25

仕事の枠を決めない

うちの会社には営業担当がいません。

営業においてもっとも大切なことは商品への愛情。それなら僕が一番だからです。

ムレスナティーは世界最高品質の紅茶ですが、だからといってじっと待っていても売れません。スリランカの恵まれた気候風土に育まれた茶葉の特色や、アンスレムの神業のようなティーテイスティング技術、飲む者の心を震わせるほどの芳醇な風味。それらを僕以上に知っている人間はいませんからね。

営業だけじゃありません。仕入、経理、商品企画、デザイン、撮影、コピーワーク、店頭での紅茶サーブ…会社業務のほぼすべてに関わっています。社長業との兼任どころじゃありませんよ。それぞれに専任の担当者を置いて任せればラクなのでしょうが、どうも僕にはこのスタイルが性《しょう》に合っているようです。それに、情報には敏感になりますし、決断も早いですから良いことずくめです。

「自分の仕事はここまで」なんて枠を決めるのは格好良くないよね。

DAVID'S WORDS

26

パッケージは僕のキャンバス

商品のパッケージは今でもすべて僕が作っています。コピーを考えて、デザインして、写真も撮って。社長なんだから人に任せたらいいじゃないって？　僕の楽しみを奪わないでよ。

お客さんから「よく次々思い付きますね」って言われるけど、伝えたいことはいくらでも浮かびます。パッケージは僕のサービス精神のあらわれなんです。「手に取る方を喜ばせたい、笑わせたい」ってそればかり。考えているときはスリランカの茶園を思い浮かべています。僕は目を閉じればいつだって現地に飛んで行けるんです。茶園の匂いやティーワーカーたちの笑顔を言葉にすると、あのメッセージが生まれる。

よくエッフェル塔のイラストも使うんで、パリに住んでいたように思われますが、あれは完全に空想。というか、パリには行ったことないんですよ。「紅茶が売れない頃によくエッフェル塔の下で泣いてたなぁ」とかね。本当は甲子園口の自宅で泣いていましたが。空想でいろんな世界に飛んで行けるのが、僕のオリジナルスタイルなのかもしれません。

DAVID'S WORDS

27

「常識外れ」の コピーのヒミツ

一番の大ヒット商品になったキューブボックスにコピーを書き始めた理由は、お客さんに紅茶の世界観を楽しんでもらいたかったから。飲んでみなくちゃわからない、というのはつまらないし、僕がブレンドをしながら描いたストーリーで多くの笑顔を見たいですから。

最初は箱の正面にだけコピーを入れていましたが、次第に伝えたいことが増えて、今じゃ全面にびっしり。僕の空想で書いたコピーだから意味なんてないけど、読むとクスリときちゃうでしょ。あまりに独特な世界観に、「売れなくなるからやめてくれ」と言うバイヤーさんも一人や二人ではありませんでした。失礼だよね。

一度もアイデアが枯れたことはないし、お客さんが喜ぶ顔を想像すればすぐにストーリーが浮かんできます。すると新商品を出したくなって、その日から新パッケージの製作開始。

ビジネスの常識から外れたパッケージでもちゃんと売れているのは、ムレスナティーがもたらす感動が本物だから。それで僕は安心してコピーで大冒険ができるというわけです。

DAVID'S WORDS

28

価値ある
無駄にこだわる

赤缶の蓋に付いているチョボ。可愛いよねってよく褒められるんだけど、あれを付けるだけで製造費がとんでもなく上がるんですよね。小さな突起をひとつ付けるだけで特注品になっちゃうみたいで。コストのことを考えると無駄だし、機能的には別になくてもいいんだけど、ある方がきっと素敵。たくさんの人に反対されたけど、あのチョボはやっぱり付けて良かったな。

うちは、ふつうの経営感覚からは異例ともいえるスピードで新商品を出していますが、そのたびに新しいパッケージを一から制作するんです。それも月に3つ4つじゃありません。毎月こんなに印刷費を払っている紅茶輸入業者なんて、世界中どこを探したって見つからないんじゃないかな。

でもね、そうやって紅茶のフレーバーをパッケージにどんどん投影し続けてきたことで、お客さんに評価していただいたんです。コストカットばかり考えていたら、今のムレスナはなかった。

ブランドってこうしてできていくんだと思います。

DAVID'S WORDS

29

夢を見続けるため、借金とペアで生きていく

無借金経営ほど苦しいものはないと思います。

これは「借金ぐらいあったほうが張り合いがある」なんて精神論じゃないんです。いつも懐に余裕がなければ新しいチャレンジはできないし、どうせチャレンジできないからと楽しいアイデアも生まれてこない。目の前の仕事を淡々とこなすだけの毎日なんて、経営者としてこれ以上辛いことはありません。

サラリーマンの財布は引き算で、収入をいかにやりくりするかが大きな課題。一方で経営者の会計は足し算であるべきだと思います。入ってきた金額にとらわれず、これから必要な金額を考えることが大切です。

いわゆる「経営のプロ」からみればとんでもなく非効率なのでしょうが、僕は楽しいアイデアはどんどん現実にしたい。この仕事を始めたときに「夢を見続けるために、借金とペアで生きていく」と覚悟を決めたんです。

30

「いつもの顔」が迎える安心感

うちの会社はみんな勤続年数が長いことが自慢でね。オープン時からずっと頑張ってくれているスタッフもいますから、僕と同じぐらい店やムレスナティーのことを知り尽くしている。お客さんからも「いつも同じ顔が迎えてくれるから安心するよ」とよく褒めてもらいます。

「好きこそものの上手なれ」と言うけど、あれは本当ですよ。うちのスタッフはみんなムレスナティーが大好きでこの店が大好き。もちろん仕事なんだけど、それ以上の情熱を持って働いてくれるからこそ、お客さんに伝わるものがあるんですよね。

僕はそんな「いつもの顔」の代表なんだから、時間の許す限り店頭に立って紅茶をサーブして、お客さんと会話するように心掛けています。お店ではいつもディヴィッドが待っています！というのもエンターテインメントに感じてもらえたらうれしいよね。

僕は創業したときに「人を幸せにする会社にしよう」と誓いました。幸せにするのはお客さんだけに限りません。会社に関わってくれたすべての人に幸福な人生を歩んでもらいたい。それが願いです。

DAVID'S WORDS

31

現場主義に徹する

経営者は現場を離れちゃダメ、とくに創業者はね。

いくら信頼できるスタッフがいるからといって、自分の理想をすべて理解して行動してくれるかはまた別の話。オーナーシェフが支店を出すと大体失敗するのと同じで、自分の存在が味やサービスの一部になっていることをしっかり理解しないとね。お客さんはそのことをよく知っているから、どんな業種でも本店は特別な価値があるでしょ。

僕がいつもティーハウスにいるのは、極端に言えば「座っているだけ」でお客さんに喜ばれるから。ありがたいことに、日本ではムレスナ＝デヴィッドと認知されてきましたからね。

それに、経営者が店にいればスタッフは迷わない。「この紅茶、どんな味かしら？」とメニューを見て話しているお客さんがいれば、うちはスタッフから声を掛けて会話しちゃう。どんどん話が脱線することもあるけど楽しいじゃない。マニュアルとして決めたわけじゃないけど、スタッフは僕がしていることを自然となぞっているんですよね。

経営者の存在感って、自分が考えているより大きいんです。

DAVID'S WORDS

32

大事なのは感動

とにかく時間があればお店で紅茶を淹れています。どんな仕事よりもお客さんのうれしそうな表情を見ているのが楽しいんですよね。

ご注文をいただいたお客さんの目の前で一杯ずつサーブして、そのプロセスも楽しんでいただけるようにしています。わざわざご来店いただくのだから、自宅で紅茶を楽しむ何倍もの感動を体験してもらいたい。紅茶のお作法や蘊蓄を語るお店は多いけど、独自の淹れ方をエンターテインメントのように見せるお店なんてほかにはないでしょ。

ムレスナティーが美味しいのは当たり前のことだから、お客さんにはさらなる付加価値を体感してもらいたくて、創業時からずっと続けています。今までにはなかった紅茶文化をつくる野望もありますしね。

たとえば、アイスティーをつくるときには、たっぷり氷を入れた2つのグラスに何度も紅茶を移し替えながら、お手玉のようにサーブするんです。僕はこの技法を「アート・オブ・ティー」と呼んでいます。

つくる様子を目で味わって、飲んでその美味しさにまた驚く。商売って、こういう素直な感動に対価をいただくことなんじゃないかな。

33

店舗を増やすことは正解じゃない

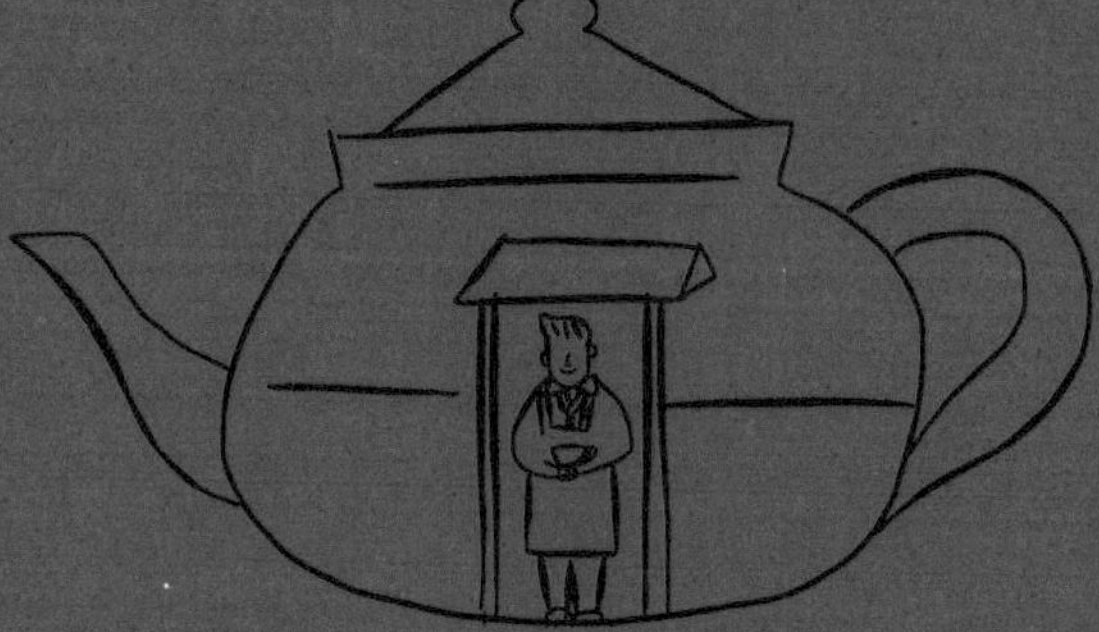

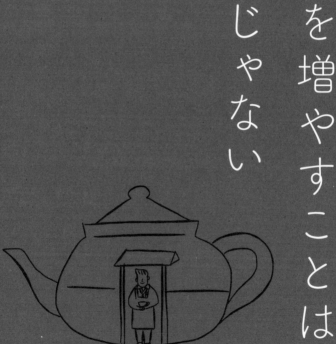

「直営2店舗目はいつ出店する予定ですか?」とよく聞かれますが、これまでもこれからも直営の出店計画はありません。うちはメーカーだから、基本的には卸販売が仕事。日本でのムレスナブランドの象徴として西宮の本店があるので、これ以上増やすつもりはありません。もちろん、次項でお話しする「パートナーカンパニー」は別ですよ。

ビジネスの拡大を考えると「もったいない」と感じられるかもしれません。しかし、おかげさまで現在ムレスナティーは供給が追いついていない状況ですし、本店はたくさんのお客さんにご支持いただいてます。

お金儲けのことばかり優先してしまうと、必ずどこかに綻《ほころ》びが生じます。仮に多店舗展開したとしても、すべての店舗で同じ味、同じサービスが提供できるとは思えません。茶葉の説明だっておろそかになるでしょう。いくらマニュアルを作成しても、心までは共有できないんですよ。

共有範囲を定めてサービスを提供するなんて我慢できない。最高の茶葉には、その価値に見合った扱い方があるんです。

DAVID'S WORDS

34

日本のムレスナファミリーをつくる

年々ムレスナティーを扱うお店が増えています。「どんどん出店して、儲かってるねぇ」なんて言われますが、とんでもない。僕が陣頭指揮をとるのは昔も今も西宮本店だけ。あとのお店はムレスナを心から愛してくれる人たちに託しているんです。

経営は別だけど、想いは同じ。茶葉の仕入れについての相談や、定期的な試飲会などは一緒にやりますが、基本的に各店の運営はそれぞれの経営者におまかせしています。つまりパートナーカンパニーですね。メニューも各店の個性を発揮して、自由な発想でムレスナの魅力を発信すれば面白いでしょ。チェーン展開にはない魅力だよね。

ここまで説明すると多くの人が「でも利益が減るでしょう」って聞くんだけど、そんなのどうだっていいよ。利益ばかり追求して、それを独占したって文化は生まれないじゃない。それよりも僕はムレスナがより多くのお客さんに「正しく」伝わることを大切にしたい。そのために情熱を持った仲間を探し続けてきました。ひとりではできないことを実現するために、「日本のムレスナファミリー」をつくるんです。

DAVID'S WORDS

35

大事にしている3つの「こうがく」

商売が軌道に乗ってくるとつい、いい気になりがちです。

でも、謙虚に学ぶ姿勢を忘れたらそこで成長は終わり。とくに日々出会う他者から学ぶことの大きさは計り知れません。相手の言葉や振る舞いに注目して、その影響を考えるだけでも多くの学びがあります。

次の3つは僕が大切にしている学びの姿勢です。

「考学」……常に学びについて考える

「向学」……学びに対して前向きであり続ける

「高学」……高い目線を持って学ぶ

こういうことを語るようになったってことは、僕も相応に歳をとったということでしょうかね。ただね、経営歴が長くなるほど、学ぶことの大切さを痛感するようになるのも事実です。紅茶にのめり込んでここまできた僕がずっと頼ってきた経験と直感にはどうも限界がある。「人のふり見て我がふり直せ」と言うけれど、至言ですね。好きな人からはもちろん、嫌いな人からだって多くのことを学べるんです。50代でこのことに気付いた僕はラッキーですよ。

36

いつだって疑問を持つ

先日、ムレスナティーが掲載されている百貨店のギフトカタログを見ていて、ふと「お客さんはどういう気持ちで注文するんだろうか」と疑問に思ったんです。一見、完成されているこの販売方法は本当に正しいのかって。それで、あらためてお客さんの目線でカタログをめくり、自分で商品を注文してみました。

支払い方法は不便じゃないか、商品が届くまでの日数は長くないか、パッケージの印象はカタログと違わないか、と確認しながらね。一連の流れから感じたのは、「不備はないけど、改良の余地はある」という印象でした。ムレスナティーは品質が高く、人気も十分だと自負しているけれど、その良さを伝える方法はまだまだ改善できる。

やっぱり、お客さんの財布からお金を出してもらうって並大抵の努力でできることじゃない。顔が見えない通販ならなおさらだよね。販売する側はよほど勉強しなきゃだめですよ。販売が好調だからこそ、その方法が本当に正しいかをいつも自問するべき。お客さんには、ムレスナに出会う感動も含めて買っていただいているんですから。

DAVID'S WORDS

37

茶の神様は常に僕を見ている

初めてスリランカに行ったときに見た、早朝の茶園の風景は忘れられません。朝露に濡れてきらきら輝く茶園の神聖さは、あまり信心深いほうじゃない僕にも神様の存在を感じさせるに十分でした。

以来、僕は「紅茶の神様」の存在を信じ続けています。あんなに美しい茶園が生んだ茶葉を無責任に扱っては罰が当たってしまう、と。宗教の倫理観を守って生きておられる方も多いですが、私にとっては「紅茶の神様の意思に背かない」ことが何よりも大切。

商売は、ラクして儲けようとする横着心との闘い。上手くいくにつれて初心を忘れちゃうんですよね。おだてられて舞い上がっちゃうこともありますし。経営者にとってもっとも大事な資質は、信念に従って自分を律すること。従うべき規範はなんだっていいんだけど、僕にとっては紅茶の神様だったんです。ボロボロだった僕がなんとかここまでやってこられたのも、正直に懸命にもがく姿を、紅茶の神様がずっと見ていてくれたからだと思います。「お前がそこまでやるんなら、ちょっと力を貸してやろうか」という感じでね。

DAVID'S WORDS

38

いつも正直であれ

たったひとつ、自分に課しているルールは「嘘をつかない」こと。世間に対して嘘をつかないのはもちろんですが、自分の情熱や欲求に対しても、いつも正直でありたいと思っています。

とは言っても、実際に何事にも正直でいられるようになったのは最近のことで、まだ経営に迷いがある頃には、自分に嘘をついていたこともありました。たとえば「経営で重要なのは人脈だ」と聞くと、行きたくもないビジネス交流会で名刺を配ってみたりね。

でもね、辛いんですよ。心も体も。自分がどんどん望んでいなかった姿へと変わっていくことに我慢ができなくなってしまう。僕は自分のことが大好きですが、この時ばかりは自己嫌悪で消えてしまいたいような気持ちでした。以来、どんな時も自分を客観視するように心掛けてきました。いくら忙しくても立ち止まって考える時間を持ち、「自分に正直に生きているか？」「紅茶の神様に恥ずかしい言動はしていないか？」と問いかけるんです。せっかくの人生、そこらの経営者と同じように生きても面白くはありませんからね。

DAVID'S WORDS

39

気持ちは常に原点でありたい

経営者にとっての落とし穴は、商売の拡大とともに自分も大きくなったと勘違いしちゃうこと。大きな本社ビルを建てて、従業員が増えたからといって、別に自分が偉くなったわけでもないのにね。

でも、謙虚さを失わずにいることは大変なんです。周囲からは「シャチョー、シャチョー」と持ち上げられ、昔はいくら頭を下げても相手にしてもらえなかった銀行が、向こうから融資の算段を持ってくるようになる。これで調子に乗らない方が難しいですよね。

いつまでも初心を忘れずにいるためには、自分の原点となる場所や人の存在を身近に感じ続けること。僕にとってはそれがスリランカの茶園であり、アンスレムです。今は海外との連絡もすべてメールで片付いちゃうから、どうしても現地に行く必要がある用事なんて滅多にないんですよね。それでも、僕が定期的にスリランカを訪れるのは、まだまだちっぽけな自分を、これでもかと実感させてくれるからです。

初めて見た茶園の光景、アンスレムの真摯な仕事ぶりに感動したあの時の気持ちを再確認するために、スリランカへと向かうんです。

DAVID'S WORDS

40

高額の講演料よりも、1杯の紅茶

ご来店いただいたお客さんと話すのは僕の一番の楽しみ。

たまに講演依頼があるのですが、基本的に断ることにしています。その理由はふたつあって、ひとつは、講演する時間があれば1杯でも多くお客さんに紅茶を淹れていたいから。もうひとつは、僕がお金を頂戴するのは紅茶の販売に関わる場合だけと決めているからです。

たとえ100万円の講演料よりも、本店で飲んでいただく2000円のほうがずっと有り難く感じます。それは創業以来、僕自身がそうして歩み続けてきたからです。

借金苦から始まり、誰も来ないお店で美味しい紅茶を淹れ続け、踏ん張り続けてきた。今、世の中でご好評をいただいているのも、ひとりひとりのお客さんのクチコミが広がったからです。僕は紅茶を売ってお金をいただきたいんですよ。

僕やムレスナに少しでも興味を持ってくださった方はぜひ一度本店に遊びに来てください。なんだって話しますよ。お店でしか話せないこともたくさんありますからね。

DAVID'S WORDS

41

懸命に、
面白く生きる

僕は見た目がこんな感じだから、脳天気で押しが強いように見えるでしょ。でも本来は内気で、思ったことの半分も口にできないおとなしい人間です。自分で言うのもヘンですが、本当です。

出会った人たちからは、よく「面白い人ですね」って言われます。とてもうれしい褒め言葉ですけど、僕は根っから面白い人間じゃない。面白くしようと心掛けているんですよ。

人生は苦しいものだし、生きているだけで楽しくはならない。だから、懸命に知恵を絞って面白く生きようとしなくちゃ。

苦しいときは顔に出さず、楽しいときには思いっきり笑う。そして、楽しくないときにだって笑う。

社長だ経営だと小難しいことを言っても、結局はいかに楽しく生きているかどうかが幸せな人生をつくるのだと思います。これは、どん底だった時代から学んだ知恵です。

あなたの周りにもいつも笑顔を絶やさない人がいるはずです。きっと、生きる苦しみと楽しみを経験し尽くした人なんだと思いますよ。

DAVID'S WORDS

42

経営は辛抱だ

商売の成功を夢見てあれこれ試行錯誤してきましたが、結局のところ、経営で一番大切なのは辛抱でした。

もちろん辛抱したからといって、必ずその苦労が報われるとは限りません。長い我慢の果てに咲く花の大きさは、それまでその人がどのようにして過ごしてきたかによると思います。

目先の利益にとらわれず、長期的な視点で自分の目標に向かって進む人は孤独です。この世にひとりも理解者がいないように思い、気分が沈むこともあるでしょう。でもね、努力は誰かにちゃんと評価されています。奥さんや旦那さん、親兄弟かもしれないし、あるいは目に見えない存在かもしれません。僕の場合は、紅茶の神様でした。

汚れた石ほど磨けばよく光る。そういう意味では、若いうちからハッピーじゃない方が、伸びしろは大きいのかもしれません。

ムレスナもそう。アンスレムも僕も孤独な時代を経験して、一代で会社を興した。アンスレムに比べれば僕の花はまだ小さいけど、きっとこれからもっと大きくなるよ。

苦しい時代から苦楽をともにしてきた日本の“パートナーカンパニー”の仲間たち。これからも彼らと一緒に、日本にすてきな紅茶文化をつくっていきます。

HARMONIE
SOLUNA
OMOTESANDO

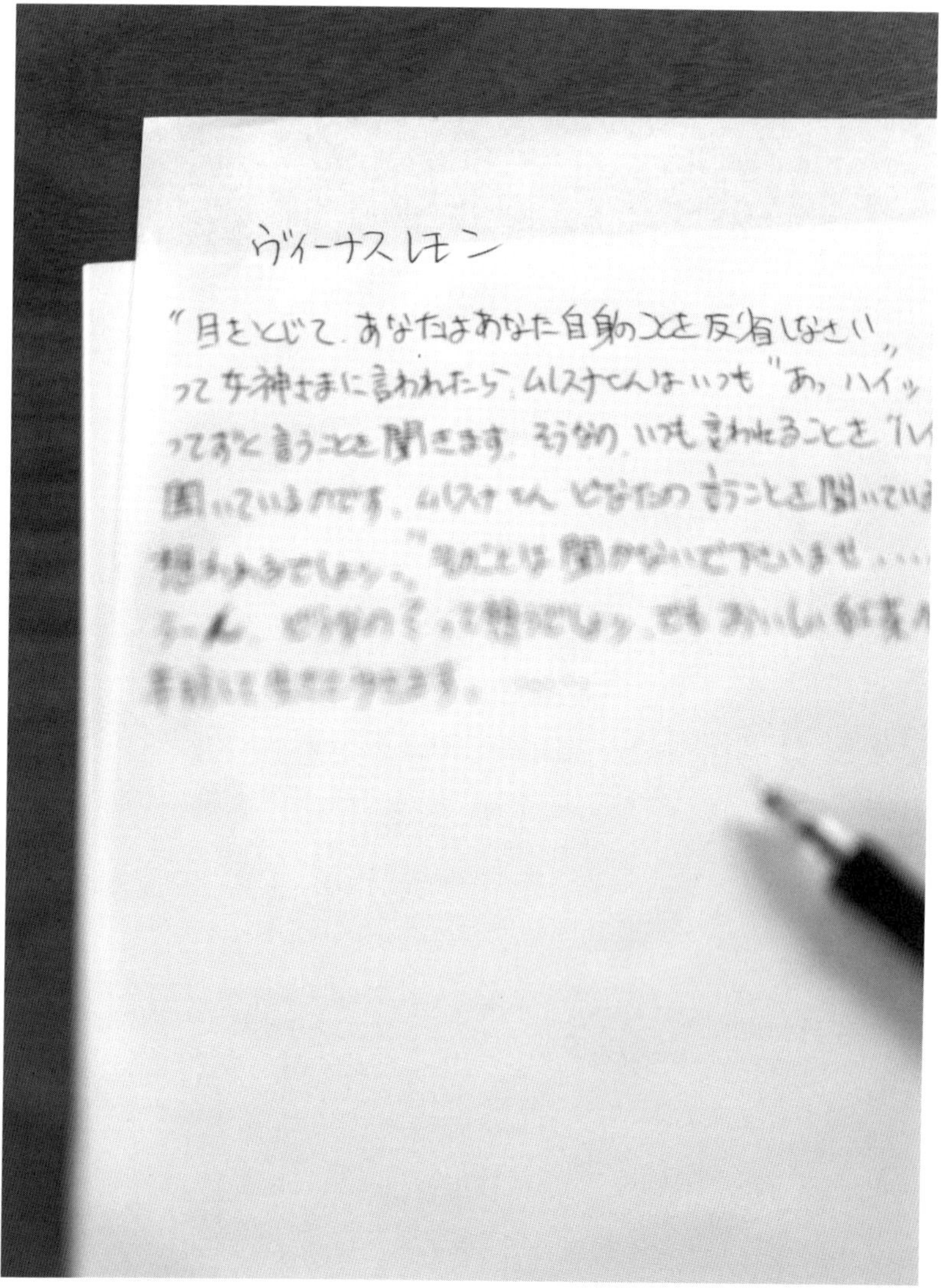
ヴィーナスレモン
“目をとじて、あなたはあなた自身のことを反省しなさい”
って女神さまに言われたら、ムレスナさんはいつも“あっハイッ”

右／キューブボックスのコピーはこんな手描き原稿で。自然と言葉があふれてきます。上／ティールームの奥にある作業スペースの机には、いつも新作の試作品でいっぱい。

LIVING WITH TEA

第4章
紅茶を文化に高めるために

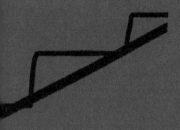

DAVID'S WORDS

43

茶の神様に選ばれた使命

誰しも持って生まれた使命があると思います。そのことに気付いているかどうかは別として、人生はその使命にチャレンジする機会に溢れています。

僕の使命は、紅茶の楽しみを本当の意味で「文化」にすること。10歳の頃から漠然と「自分が経営する会社で人を幸せにしよう」と考えていたけど、それは自由気ままに生きることだとずっと思っていました。

使命に気付いたのは28歳のとき。僕はアンスレムと出会い、彼にパートナーとして認められたことで、世界でも有数の極上の茶葉を扱う権限を得ました。本物を扱うからには相応の責任も負う。すぐ利益には結びつかないかもしれないけれど、この素晴らしい茶葉を楽しく、正しく飲む文化を日本に根付かせなくてはいけないと思ったんです。

「アンスレムに恥じない、自分に嘘をつかない、紅茶の神様に叱られないような商売をしているか」

僕は大きな判断をする時にいつも自分に問いかけます。まだ紅茶の神様に見放された様子はないから、道は外れていないんでしょうね。

DAVID'S WORDS

44

ティーキャッスルへの想いが原動力

スリランカのヌワラエリヤには、ムレスナのショップやカフェ、紅茶の博物館を兼ねた「ティーキャッスル」があります。ヨーロッパの古城のような趣ある建築で、世界中で愛されるムレスナの象徴です。

僕の一番大きな想いは、日本にもティーキャッスルを建てること。

自分の家も建てないうちから本店とファクトリーをつくらせていただきましたが、まだ満足できません。ほとんどの起業家が成功したらまず豪邸を建てるけど、僕なんて改装した自宅マンションすら水漏れしちゃってるんだからひどいもんだよね。

事業がなんとか軌道に乗り始めた90年代後半頃、ティーキャッスルのような建物をつくるのにぴったりな土地が売りに出ていて、銀行に融資をお願いしたのですが、答えはＮＯ。事業規模も信用も足りなくて当時はとても悔しかったけど、今思えばそれで良かったんですよ。

一番大きな想いは簡単に叶っちゃいけない。何度も辛い時期があったけれど、そのたびに壮大なティーキャッスルを想って乗り越えてきました。僕の原動力なんだから、叶うのは人生の最後でいいかな。

DAVID'S WORDS

45

50代になって見えてきたこと

50代になって、なんだか視野が一気に広がったような気がしているんです。若い頃は気に留めなかったようなことに気付いたり、急いで判断をせずに一度立ち止まって考えるようになりました。

あと、相手の年齢や立場に合わせた話し方を意識するようになりましたね。以前は自分の言葉だけで話して「伝わらなければしょうがないや」「分かる人だけでいい」と思っていたところを、できるだけ相手が理解しやすい言葉を選んで話すようになったのです。

ずっと直感を頼りに生きてきましたから、この変化には自分でも驚きました。たぶん今まで積み重ねてきた仕事をじっくりと固めていく時期に入ったということなんでしょうね。

人生にはいつか終わりが来る。どこで終わるかは分からないけれど、いつまでも自分の限界ギリギリまで突っ走っていくわけにもいかない。多少、歩みが遅くなったとしても、50代は深く考えながら進む期間なんでしょうね。もどかしいけど、楽しくもある。

歳をとるのも悪くないな、と思います。

DAVID'S WORDS

46

創業者の世襲はいらない

会社の5年先、10年先についてはよく考えますが、遠い将来のことはまったく意識していません。創業したときから、いずれ会社を他人に渡そうと決めていましたしね。

人生なんて何の保証もないんですから、創業者は一代限りのつもりぐらいがちょうど良い、というのが僕の考えです。

もし、僕の周囲に先代や後継者候補がいたとしたら、今、評価されていることは何ひとつ生まれていなかったんじゃないかな。だって、僕は心がとても弱いですからね。仕事で家族を意識することがあれば、そのことばかりが気になって思いきった決断なんてできなくなってしまいますよ。

だから、僕の望みは会社の存続よりも、ムレスナティーが日本で愛され続けること。もうひとつ欲を言えば、後世の人に「スリランカのアンスレム・ペレラという天才が生んだムレスナティーを、ディヴィッドという日本人が花咲かせた」と言ってもらえたら、僕の人生は大成功。それ以上に何かを残したいとは思いません。

DAVID'S WORDS

47

他人の成功を
心から喜べる
人間でありたい

一時期の苦労がまるで嘘のように、今では商売で困ることは少なくなりました。お正月の福袋があっという間に完売して「買えなかったお客さんに申し訳ないなぁ」ということが最近の悩みですから。

ここまで来ることができたのもひとえに僕の努力の賜物です、なんて言うつもりは毛頭ありません。僕はたくさんの出会いに恵まれて、人に支えられて、ムレスナティーを広めることができました。アンスレムや家族、スタッフなど、周囲の皆さんに感謝の気持ちでいっぱいです。もちろん僕だってよく頑張ったんですけどね。

これからの人生は、人の喜びを自分の喜びに変えて過ごしていこうと考えています。難しいことですが。今までは自分のために時間とエネルギーを使い切ってきたけど、今後は若い人のサポートにも力を尽くしたい。紅茶業界や経営者の別もなく、誰もが自信を持ってチャレンジできる世の中を実現する助けになりたい。他人の成功を心から喜べる人間でありたいですから。僕が歩んできた人生経験も「好きなことだけ追求してもいいんだ」って勇気を与えることはできると思う。

DAVID'S WORDS

48

僕の経験を若い世代に伝えたい

自分のためだけに頑張る、という考え方で僕はけっこう失敗してきました。今後はこれまで多くの人から学んできたことを、まだ見ぬ若者たちに伝えていくつもりです。経営学とは、つまるところ「大志」があるかどうかに尽きる。僕の想いを学び、理解してくれる人がいれば将来的に会社を託したいとも思っています。

振り返ってみれば、僕の仕事は「誰にも簡単に真似ができないこと」を追求してきた結果でした。ムレスナティーは素晴らしい商品ですが、お金さえ出せば仕入れられるものではないし、当時の日本ではセイロンティーは売れない紅茶の象徴でした。それに、インポーターだけど直販もしてティーハウスをつくる経営なんて、商品を右から左へ動かすだけの「流通ビジネス」の教科書には載っていませんからね。

僕に伝えられることがあるとすれば、人生をかけて模索してきた“Living with Tea”（紅茶とともに生きる）という生き方そのもの。悩んで、失敗して、何度も転びながら生きてきた物語を伝えることが誰かの力になれるなら、こんなに幸せなことはありません。

DAVID'S WORDS

49

紅茶を語る「場」をつくる

あらためて自分の足跡を振り返ってみると「貴重な体験をしてきたなぁ」と感じます。これからは、そんな僕の経験や思考をできるだけ多くの方に知ってもらうことにも力を入れていきたいと思っています。

現代は経済的にとても厳しい時代ですが、若い人には仕事を楽しみながら生きていく大切さを知ってほしい。苦しみをたくさん経験してきた僕だから伝えられることもあると思うんです。人生訓というほど大層なものじゃないけどね。

近く西宮本店をリニューアルする予定です。2階にはサロンスペースをつくって紅茶に関するワークショップなどを開催できればと思っているんです。また、紅茶に限らず夢を持ってチャレンジしようとしている人たちが語り合う場所になればうれしいですね。

スリランカの「ティーキャッスル」には、毎日世界中から多くの人が訪れます。その目的はアンスレムの言葉やテイスティング技術から人生に必要なことを学ぶため。かつての僕もそのひとりでした。ムレスナジャパンの第一歩だった西宮本店もそんな存在になりたいですね。

50

目に見えないものを信じ続ける

セイロンティーのなかでも特別な甘みを持つハイグロウン・ティーは、ほとんどが標高2000mから2500mもの高地の茶園で生まれます。強い日差しと激しい寒暖の差という厳しい環境のなかで育ったこの茶葉は、力強い風味で世界中の紅茶ファンを唸らせてきました。

僕がムレスナとともに歩んできた30年間は、このハイグロウン・ティーの栽培に似ているかもしれません。生き残ることすら厳しい状況のなか、芽吹きのときをじっと待ちながら「真の紅茶文化」「本物の感動」を伝え続けてきましたから。

おかげさまで現在は経営も安定し、小銭を握り締めていた創業当時からは考えられないほど恵まれた状況を迎えることができました。茶葉にたとえると収穫の時期なのかもしれませんが、ここで終わらないのがディヴィッド流です。

僕は「まだ誰も知らない紅茶の在り方がきっとある」と信じています。いつだって前に進みたい、歩みを止めたくない。これからも一生、目に見えないものを信じて、その感動を伝え続けたいと思います。

上／お客さんで来た6歳ぐらいの男の子。真剣に何か描いてるなあ…と思ってたら、帰りにこんなうれしいメモをくれました。これからも僕にしかできない紅茶の道を進みます。

もし、日本茶が
紅茶のような
発酵茶だったら、
世界はいろんな
意味で違ったかも
しれないって
たまに想像する
ことがあるんです。

経営者不在の
店舗はどんどん
保守的になると思う。

David says
デイヴィッド.K語録

自分の本質を
忘れずに、
いつも初心で
いる人は立派です。
それは、利益の
大きさとは
関係ありません。

茶園から直接安く
買い付けたって
意味がないんだよ。
「紅茶を扱う」
っていうのは
そういうこと
じゃないんだ。

厳密に言えば、
僕の仕事は
輸入業じゃなくて
サービス業
だよね。

「商売」とは
作り手の気持ちを
一生懸命伝えること。
作り手の想いを
理解していないとダメ。
きっちりその想いを
伝えていると
お客さんからの信頼を
得ることができる。
それが利益なんです。

モノが良い
からこそ
勘違い
するんです。

商売には『付加価値』
が大事。でもそれは、
薄っぺらい紅茶の
お作法とかじゃなくて、
味と感動じゃないと
ダメなんです。

『本物』は
なかなか
売れないもの
なんだから、
一攫千金なんて
無縁だよ。

仕事の話は
お酒抜きに
限ります。

目に見えない
ものを信じる
人こそ、
なにかを得るんじゃ
ないかな。
それを「徳」
って呼ぶのかも
しれない。

いつも前に
進みたい。
守りに入り
たくない。
まだ誰も知らない
素晴らしい
紅茶の在り方が、
探せばある
んじゃないか
と思って
います。

David says

取引は
トップダウンの
相手じゃないと
やりません。

ムレスナの素晴らしさを
日本の人たちに
広く知らせることが僕の仕事。
パッケージデザインに
注目してもらうことも多いけど、
どうしたらこの紅茶を
買ってもらえるか
試行錯誤した結果。
苦肉の策なんだよ。

今、できるだけ
人にやさしく
接しようと思って
生きているのは、
昔つらく当たられた
経験をよく
覚えているから。

よく「オンリーワンですよね」
って言われるけど、
そりゃそうに決まってるよ。
誰にも頼らず、保証もされない
不安定な道をずっと歩いてきたんだから。
でも、最初に信じた道を
まっすぐに来ただけなんです。

LIVING WITH TEA

茶とともに生きて
もっともっと人生を
アートにして
いきたいのです。

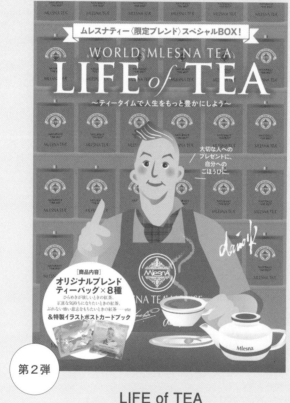

ムレスナティーの本、

第１弾

ART of TEA
紅茶人生をもっとアートにしたいのです

定価：本体1,200円＋税

スリランカの最高級紅茶ブランド、ムレスナティー。その魅力に早くから注目して日本の総代理店をつとめ、西宮に自身のティーハウスを構えるディヴィッド.K氏初の著書。ティーハウスで人気の定番フレーバー、ディヴィッド氏によるスリランカの茶園訪問記など、ファンなら入門編として読みたい１冊です。

ムレスナティー

阪神間の小さな紅茶屋さんが起こした大きな奇跡

LIVING with TEA

二〇一五年五月一日　初版発行

著者　ディヴィッド・K
取材　米原有二
撮影　内藤貞保（P46-47、112-113を除く）
デザイン　藤田康平（Barber）
イラスト　江夏潤一

編集人　村瀬彩子
発行人　今出央
発行　株式会社 京阪神エルマガジン社
〒五五〇-八五七五
大阪市西区江戸堀一-一〇-八
編集　TEL〇六-六四四六-七七一六
販売　TEL〇六-六四四六-七七一八
www.Lmagazine.jp

印刷・製本　図書印刷株式会社

ISBN978-4-87435-466-7　C0034
乱丁・落丁本はお取り替えいたします。